个税新法速懂

程平 著

中国言实出版社

图书在版编目（CIP）数据

个税新法速懂 / 程平著 . -- 北京 : 中国言实出版社，2018.10

ISBN 978-7-5171-2933-2

Ⅰ . ①个… Ⅱ . ①程… Ⅲ . ①个人所得税—税法—中国—问题解答 Ⅳ . ① D922.222-44

中国版本图书馆 CIP 数据核字（2018）第 228608 号

责任编辑：薛　磊
责任校对：任九光
责任印制：佟贵兆
封面设计：张　扬
插　　图：陈大可　夏小瞳

出版发行 中国言实出版社
　　　　　地　　址：北京市朝阳区北苑路 180 号加利大厦 5 号楼 105 室
　　　　　邮　　编：100101
　　　　　编辑部：北京市海淀区北太平庄路甲 1 号
　　　　　邮　　编：100088
　　　　　电　　话：64924853（总编室）　64924716（发行部）
　　　　　网　　址：www.zgyscbs.cn
　　　　　E-mail：zgyscbs@263.net
经　　销 新华书店
印　　刷 凯德印刷（天津）有限公司
版　　次 2018 年 10 月第 1 版　　2018 年 10 月第 1 次印刷
规　　格 850 毫米 ×1168 毫米　1/32　4.375 印张
字　　数 40 千字
定　　价 28.00 元　ISBN 978-7-5171-2933-2

前言

　　这是一本专业人士特意写给非专业人士看的书。

　　个税新法的诸多改革，使其与个人的联系更密切，其条文也更缜密复杂。一部牵动每个人神经的新法，怎么才能让每个不喜欢晦涩法条和拗口解释的关心者都看懂？

　　本书采用图文结合的方式，以个税新法的二十二条为纲，借用 100 个实务问题，用最熟悉的人物设置情景，用最直白的口语解释法条，辅以插图，一看就懂，再看就笑。同时，很有心地在每个问题后都配上简短的语音解读。注意，是作者人声解读，不是机器合成，扫码回复问题编号即可收听。

　　"复杂的个税变简单，简单的个税变生动"是本书的写作追求，能否达到，有待读者评述。至少，作为一次全新的写作尝试，相信能带给您一次不一样的阅读体验。

程 平

2018 年 9 月 30 日

目录

1. 个税计算的整体流程

当您取得一笔收入的时候，怎么判断应不应该交税？应该交多少税？

完整的判断流程是这样的：

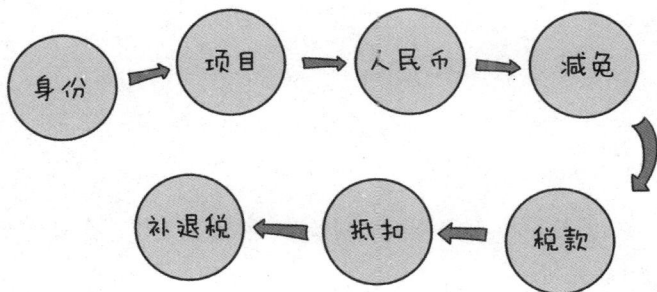

（1）您是不是境内的税收居民，确认纳税人身份（第一条）；

（2）这笔收入是不是应该在境内交税（第一条）；

（3）这笔收入在不在我国税法的征税项目内，确认具体的征税项目（第二条）；

（4）是不是人民币，如果不是，需要换算成人民币（第十六条）；

（5）符不符合减税或者免税政策，如果符合，可以减免多少（第四、五条）；

（6）确认可以扣除的费用，计算出应该纳税的收入部分（第六条）；

（7）找到对应的税率（第三条）；

（8）计算出税款；

（9）看是否有境外收入已经交的税款可以进行抵扣（第七条）；

（10）确认最终税款；

（11）确认怎么申报，别人预扣还是自己申报，同时确认什么时候申报（第九、十、十一、十二、十三条）；

（12）平时预扣的，下年初看看需不需要退税补税（第十四条）。

扫码后输入问题编号，可听本书作者亲口讲解短音频。

2. 综合所得税款的计算顺序

综合所得的税款计算顺序是：

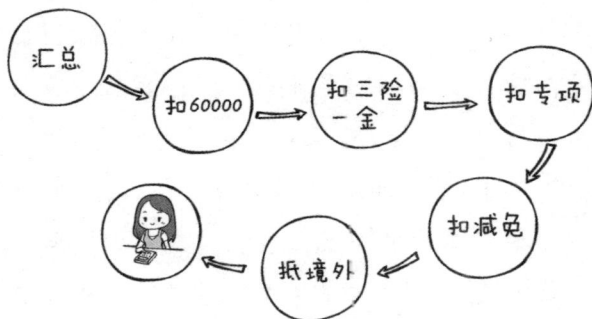

（1）把全年所有的工资、8折的劳务报酬、5.6折的稿酬、8折的特许权使用费加在一起；

（2）扣除60000元；

（3）扣除"三险一金"；

（4）扣除子女教育费、继续教育费、大病医疗费、住房贷款利息或住房租金、赡养老人支出；

（5）扣除捐款、年金、商业健康险等允许扣除或减免的项目；

（6）查找七档税率表，乘以税率，减去速算扣除数；

（7）扣除符合条件的境外税款。

最终的计算结果，就是全年综合所得应该交的税款。

一、纳税人

第一条 在口国境内有住所，或者无住所而一个纳税年度内在中国境内居住累计满一百八十三天的个人，为居民个人。居民个人从中国境内和境外取得的所得，依照本法规定缴纳个人所得税。

在中国境内无住所又不居住，或者无住所而一个纳税年度内在中国境内居住累计不满一百八十三天的个人，为非居民个人。非居民个人从中国境内取得的所得，依照本法规定缴纳个人所得税。

纳税年度，自公历一月一日起至十二月三十一日止。

（《中华人民共和国个人所得税法》）

3. 谁是个税的纳税人？

内地作家莫老　　　　香港作家金老

　　个人所得税的纳税人，简单讲，就是符合两个条件的个人：一是拿到了应该纳税的收入；二是自身的身份在个人所得税法的规定范围内。税法上的"中国境内"和平常所说的"中国领土"概念不完全一致，税法上的"中国境内"在具体规定上可能会将港澳台排除掉。税法的意思可以简单理解为：如果是税收居民，在全世界拿到的收入都有申报纳税的义务；如果不是税收居民，那么可以只就中国境内的收入申报纳税。比如内地作家莫老就是税收居民，全球所得纳税，香港作家金老就是税收非居民，只就在中国境内的收入纳税。

4. 为什么要区分居民个人和非居民个人？

全面纳税 全面福利

部分福利 部分纳税

　　这样区分，法理上的原因是，作为居民个人，已经享受中国所有公共财政支出的福利（安全、交通等），当然也应该承担全面纳税的义务；作为非居民个人，只享受部分公共福利，当然也只用承担部分纳税义务。另外还有个重要原因是，其他主要发达国家都明确了居民个人和非居民个人的概念，如果我们国家不明确，碰到跨国收入，可能会出现重复收税，对纳税人不利。

扫码后输入问题编号，可听本书作者亲口讲解短音频。

5. 什么是居民个人？

税法上的居民个人，和平时所说的"公民"是两码事，和"小区居民"之类的称谓也是两码事，它是纯粹税收上的概念。税收居民个人的判断有两个标准：先看有没有"住所"，再看在境内的居住时间。如果有住所，那就是税收居民个人，如果没有住所但是居住时间达到标准了（新个税法是满 183 天），也会成为税收居民个人。

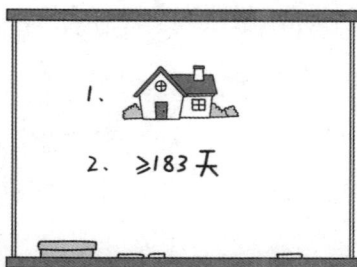

6. 什么是非居民个人?

税收非居民 → 无房 15天

　　税法上的非居民个人，可以根据居民个人的标准反过来看，因为一个纳税人要么是居民个人，要么是非居民个人。如果他没有达到居民个人的两个标准条件，就成为非居民个人。具体说来，就是同时达到两个条件：一是在境内没有"住所"，二是在境内居住时间不够（新个税法是不满 183 天）。注意：是两个条件要同时达到。比如，汤姆·克鲁斯在中国境内没有住所，2018 年又只在中国待了 15 天，那他当年就成为中国的税收非居民个人。

扫码后输入问题编号，可听本书作者亲口讲解短音频。

7. 什么是住所？

住所是国际上判断税收居民个人的一个重要标准。住所和平常所说的住房是不一样的，也不是指有产权的房子。也就是说，有住所不代表一定有自己的房产。住所的核心判断标准是比较固定的住处、有长期居住的意愿，和平常所说的"定居"很相似。比如在中国有住所，可能是因为：1. 户口在中国；2. 家庭在中国；3. 主要的资产和社会关系都在中国……而且在中国习惯性居住，所谓习惯性居住的意思，就是即使出国学习工作出差旅游等，结束了还是要回到中国。

8. 什么是居住时间？

居住时间，直观的理解就是在中国境内停留的时间，在具体算法上有点小复杂。按照现在的文件规定，一般情况下，出境、入境当天都按一天计算，比如出入境记录上1号来、3号走，实际可能只待了1天多一点，但计算居住时间时都按整天计算，就是3天；不过内地到香港和到澳门来回的，当天可以算半天，比如1号从香港来，3号再回香港去，居住时间可以算2天（0.5＋1＋0.5）。新法实施后，这些规定会不会跟着调整，暂不可知。

扫码后输入问题编号，可听本书作者亲口讲解短音频。

9. 居民个人的时间判断标准是怎么改的？

新个税法改变了居民个人的时间判断标准。原个税法规定居住满 1 年才会成为税收居民个人，实际上是居住满 275 天（规定是 365 天，实际居住大部分是按 275 天）；新个税法把这个标准提高了，改成 183 天，这样一来，很多以前的非居民个人现在可能要变成居民个人了，会带来交税金额、申报时间等一系列的变化，需要特别留意。新个税法规定的 183 天标准参考了国际上很多国家的做法，如果各个国家的居住时间标准差不多的话，大家把同一个人都认定为居民个人或者都认定为非居民个人的概率就不大了，既避免重复收税，又避免收税漏洞。

10. 纳税年度是哪段时间？

中国

1月1日 → 12月31日

同年

英国

4月6日 → 4月5日

跨年

　　我国的纳税年度是公历年度期间，1月1日至12月31日，这和世界上很多国家的纳税年度相同。有的国家的纳税年度比较特别，比如英国的纳税年度就是每年的4月6日至第二年的4月5日。

二、纳税项目

第二条　下列各项个人所得，应当缴纳个人所得税：

（一）工资、薪金所得；

（二）劳务报酬所得；

（三）稿酬所得；

（四）特许权使用费所得；

（五）经营所得；

（六）利息、股息、红利所得；

（七）财产租赁所得；

（八）财产转让所得；

（九）偶然所得。

居民个人取得前款第一项至第四项所得（以下称综合所得），按纳税年度合并计算个人所得税；非居民个人取得前款第一项至第四项所得，按月或者按次分项计算个人所得税。纳税人取得前款第五项至第九项所得，依照本法规定分别计算个人所得税。

（《中华人民共和国个人所得税法》）

11. 什么是工资、薪金所得？

对大部分人来说，每月的工资、奖金、补贴等，都属于工资、薪金所得，它的本质就是雇主给雇员的报酬。

既然分工资、薪金所得，那么什么叫工资，什么叫薪金呢？税务师考试教材《税法Ⅱ》（2018版）有个很有意思的解释：蓝领拿到的就是工资，白领拿到的就是薪金。"蓝领""白领"，其实是以前的称谓，现在没人能够分清楚蓝领和白领的区别，工资和薪金的区分也已经非常模糊，没什么实质意义，在实务中一般会统称为"工薪所得"。需要特别注意的是，工资、薪金所得的判定在实务中是反列举的，也就是说，单位给员工的所得没有免税规定就必须要交税，因为全部所得基本都与"受雇"有关。所以遇到津贴、补贴先看看免税政策，如果没有的话，基本是合并到工资里一起交税的。

扫码后输入问题编号，可听本书作者亲口讲解短音频。

12. 什么是劳务报酬所得？

就是我们通常所说的"劳务费"。某歌星在春晚唱了一首歌，春晚剧组会给她一笔劳务报酬（据说不高），如果直接支付给她本人，就是典型的劳务报酬所得。刚有个人所得税法的时候，劳务报酬主要就针对歌星演员们。当然现在的法条解释中列举了十几种项目，平时经常碰到的个人进行的翻译、装修、家政、咨询等，都属于劳务报酬所得的范围。

13. 什么是稿酬所得？

　　在传统的报纸、杂志等媒体上发表文章、照片等作品，取得的收入，就是稿酬所得。当年有一个人出去玩，撞大运地近距离拍到了野生华南虎，然后把它发表在报纸上，收到了 5000 元。这就是典型的稿酬所得。稿酬所得一直比较特别，因为原个税法和新个税法为了鼓励文化创作，都允许收入或者税款可以扣 20% 的费用，再打 7 折算税，就是按照 5.6 折算税（具体算法上有一点小小的区别）。

扫码后输入问题编号，可听本书作者亲口讲解短音频。

14. 什么是特许权使用费所得？

有人曾经发明了"冷面机"，就是在筷子上挂了一个小电风扇，边吃面边扇风，申请了个专利，授权给了一家面馆，获得了 1 万元，这笔收入就是典型的特许权使用费所得。顾名思义，就是把自己的专利、技术、商标等权利授权别人使用获得的报酬。其实，稿酬所得也是一种特别的特许权使用费，它属于著作权的使用费，所以这个税目可以理解为除了稿酬以外的其他特许权使用费收入。

冷面机

15. 什么是经营所得？

可以简单理解为个体户经营取得的收入，按原个税法，经营所得就被称作"个体工商户的生产、经营所得"。平时去吃拉面，付给老板的餐费就是典型的经营所得。一般来说，经过注册的个体工商户，他们的收入肯定是经营所得。出租车司机如果是有任职公司或挂靠公司的，他的收入可能会是工资、薪金所得，但是没有公司、个人单干的，比如很多滴滴司机，就属于特殊类型的个体从业者，他们的收入就属于经营所得。按新个税法，个人承包一个店面，收入归其所有的，也算作经营所得。还有就是独资企业的投资人、合伙企业的合伙人，收入都算作经营所得。

一共48元

拉面馆

扫码后输入问题编号，可听本书作者亲口讲解短音频。

16. 什么是利息、股息、红利所得？

　　利息所得指的就是常说的利息，就是把钱存在金融账户里收到的附加收入；股息和红利基本上是一个意思，就是因为投资一个公司（或者一个项目、一个基金）获得了经营利润的分配，就是俗称的"分红"。根据现行规定，储蓄存款利息是不用交税的。投资上市公司取得的分红，如果持有股票超过一年，也可以不用交税；持有超过一个月不到一年的，按一半交税。

17. 什么是财产租赁所得?

就是俗称的"租金",最常见的房租收入就是典型的财产租赁所得。但需要注意的是,不单单是房子,不管是什么财产,只要收到租金,都算作"财产租赁所得"。当然,前提得是财产出租,像"过年回家租个女朋友"这种收入,只能算作劳务报酬所得,不能算作财产租赁所得。此外,房租收入要交好几种税,很多地方为了方便起见,都规定房租收入按一个固定的比例核定交税,不区分不同的税种,也不按税法的具体扣除规定交税,整体上更优惠更方便。

扫码后输入问题编号,可听本书作者亲口讲解短音频。

18. 什么是财产转让所得？

　　买卖二手房，拿到的差价收入，就是典型的财产转让所得。财产转让所得就是买卖财产获得的差价。正常情况下，二手房应该按差价交 20% 的税，但是，在不断上涨的高房价下，这个税负实在是太高，计算起来也比较复杂，而且最后都是买房的人承担。所以很多地方都采取核定征收的方式，核定的税率是 1% 或者 2%，就是直接用卖房收入乘以 1% 或者 2% 交税，这样实际上降低了很多税收负担。

核定比例

19. 什么是偶然所得？

就是带有偶然性质的所得。有个人买彩票中了个大奖，回家告诉老婆说："老婆我中了 500 万大奖，给你 400 万。"老婆马上发飙："还有 100 万呢？"还有 100 万哪里去了？答案是交了个人所得税，对应的税目就是偶然所得，就是中奖、中彩等偶然性质获得的收入，税率是全部所得的 20%。最常见的偶然所得包括彩票中奖、活动抽奖，还有一些与工作无关的奖金收入。

扫码后输入问题编号，可听本书作者亲口讲解短音频。

20. 什么是综合所得？

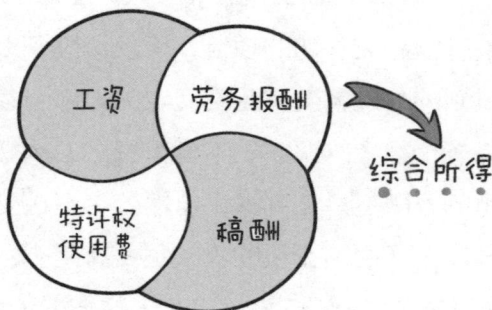

在新个税法中，第一次出现了"综合所得"的概念。这次修订是个人所得税向更合理更全面的综合税制迈出的划时代的一步，标志就是这个"综合所得"。这次规定的综合所得只是创造了一个新的集合概念，并不是增加了一个新的所得项目。它事实上是以前的劳动性所得（除经营所得外）。现行文件里曾经把工薪、劳务报酬、稿酬、特许权使用费这四项划分为"劳动所得"，这次税法修订把它们合在一起叫做"综合所得"。所以，"综合所得"这个税目的核心意思其实是"综合后的劳动所得"。"综合所得"需要把所有的四个项目合并在一起按年计算交税。

21. 所有的收入都要交税吗？

个税法列举的交税项目范围非常大，还有"偶然所得"这种看上去可以涵盖一切的项目，所以，很多人以为，只要是个人拿到的收入，没有免税规定的，都必须要交税。事实上这是一个很大的误解。不管个税法怎么规定，它毕竟是正列举的，既然是正列举，自然就有不在交税范围内的收入。日常生活中不交税的收入主要有两个：一是补偿赔偿，比如擦破了点皮赔了点医药费，这个被认为是赔偿，而不是所得；二是人与人之间的赠与，最常见的就是朋友之间发的红包。

扫码后输入问题编号，可听本书作者亲口讲解短音频。

22. 对企事业单位的承包经营、承租经营所得为什么要取消？

原个税法中有个项目叫"对企事业单位的承包经营、承租经营所得"，是专门针对承包承租经营收入的，以前这种情况很多，值得作为单独的一个项目进行规定。比如杨逍把峨眉派山门口的大酒店承包下来，取得的收入就是按这个税目交税。新个税法中把这个项目取消了，一方面，随着国家将注册公司实体的门槛降低，没有实体而以个人名义去承包经营的情况越来越少；另一方面，把它并到"经营所得"里也不影响计算税款，这个项目以前就是按照"经营所得"的方法计算交税的。

23. 税款计算有什么重大变化？

这次税法修订，对于取得综合所得的人产生最大影响的就是"按年合并计算缴税"，也就是说，工资、薪金、劳务报酬、稿酬、特许权使用费从以前的按月（按次）交税改成了按年交税。这个修订带来的影响至少包括四点：一是平时交税都算预交，年底合并计算后才是准确的数据，所以年底补税或者退税的概率比较大；二是以前的年终奖算法会受到影响，理论上是没有存在的必要了，但实际上要怎么衔接还需要进一步的规定；三是以往的"12万元申报"已经没有存在的必要了；四是居民个人和非居民个人的计算方式不一样，因为居民个人"按年"计算税款，非居民个人"按月或者按次"计算税款。

扫码后输入问题编号，可听本书作者亲口讲解短音频。

三、税率

第三条 个人所得税的税率：

（一）综合所得，适用百分之三至百分之四十五的超额累进税率（税率表附后）；

（二）经营所得，适用百分之五至百分之三十五的超额累进税率（税率表附后）；

（三）利息、股息、红利所得，财产租赁所得，财产转让所得和偶然所得，适用比例税率，税率为百分之二十。

（《中华人民共和国个人所得税法》）

一是综合所得

新旧税率比较如下表所示：

级数	原个税法税率			新个税法税率				
	月应纳税所得额	税率(%)	速算扣除数	年应纳税所得额	月应纳税所得额	税率(%)	月速算扣除数	年速算扣除数
1	不超过1500元	3	0	不超过36000元的	不超过3000元	3	0	0
2	超过1500~4500元	10	105	超过36000~144000元	超过3000~12000元	10	210	2520
3	超过4500~9000元	20	555	超过144000~300000元	超过12000~25000元	20	1410	16920
4	超过9000~35000元	25	1005	超过300000~420000元	超过25000~35000元	25	2660	31920
5	超过35000~55000元	30	2755	超过420000~660000元	超过35000~55000元	30	4410	52920
6	超过55000~80000元	35	5505	超过660000~960000元	超过55000~80000元	35	7160	85920
7	超过80000元	45	13505	超过960000元	超过80000元	45	15160	181920

二是经营所得

新旧税率比较如下表所示：

级数	原个税法税率			新个税法税率		
	年应纳税所得额	税率(%)	速算扣除数	年应纳税所得额	税率(%)	速算扣除数
1	不超过 15000 元的	5	0	不超过 30000 元的	5	0
2	超过 15000-30000 元	10	750	超过 30000-90000 元	10	1500
3	超过 30000-60000 元	20	3750	超过 90000-300000 元	20	10500
4	超过 60000-100000 元	30	9750	超过 300000-500000 元	30	40500
5	超过 100000 元	35	14750	超过 500000 万元	35	65500

24. 工薪阶层的税率有什么变化？

工薪阶层以前用的是工资、薪金所得的税率，现在用的是综合所得的税率，只是换了个名称而已。这次税法修订后，单单从税率数字看，以前的七档税率，现在还是那七档，但是中低收入者的三档级次全部或者部分降低了税率，收入越低，下降幅度越大。比如：3000 元所得，以前税率是 10%，现在变成了 3%；8000 元所得，以前税率是 20%，现在变成了 10%；20000 元所得，以前税率是 25%，现在是 20%。注意这里的"所得"，和平时所说的"工资"概念不一样，它是工资扣除所有能扣除费用之后的数字。

如果所得超过 25000 元，税率没有变化。

	旧	新
3000	10%	3%
8000	20%	10%
20000	25%	20%

扫码后输入问题编号，可听本书作者亲口讲解短音频。

25. 综合所得的税率有什么特点？

已经交完前两级税款.

3% 10% 20% 25% 30% 35% 45%

　　这种税率在专业领域叫做"超额累进税率"，就是把收入划分为不同的等级，像台阶一样，每一台阶用不同的税率计算税款，再把每一台阶的税款加在一起，成为总税款。收入越高，台阶就越高，对应的税率就越高。这种税率的特点是能够有效的调节高收入，而且不会出现税款跳跃式增长的情况。如果看到自己收入对应的税率是 45%，不代表要按收入的 45% 交税，而是把收入分为 7 个台阶，这 7 个台阶分别适用 3% 到 45% 的 7 档税率，最终的实际税负可能 30% 都不到。

26. 经营所得的税率有什么变化？

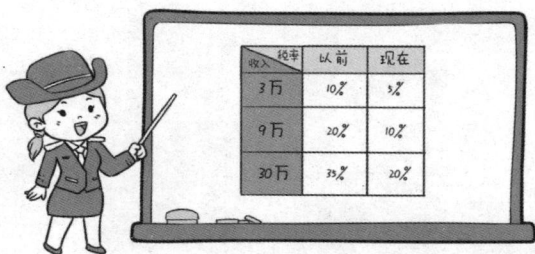

收入＼税率	以前	现在
3万	10%	5%
9万	20%	10%
30万	35%	20%

　　经营所得的税率沿用了之前个体工商户的生产、经营所得的税率，保持 5% 至 35% 的 5 级税率不变，适当调整各档税率对应的所得额。比如：3 万元所得，以前税率是 10%，现在变成了 5%；9 万元所得，以前税率是 30%，现在变成了 10%；30 万元所得，以前税率是 35%，现在是 20%……整体降税幅度还是很大的。同样的，这里的"所得"也不是收入的概念，而是收入减去费用和扣除项目后的数字。

27. 劳务报酬的税率有什么变化?

劳动报酬的税率被完全改变了,最高税率上升,最低税率下降。原个税法下,劳务报酬所得的税率名义上是20%,但是规定了可以"加成征收",实际的税率变成了20%、30%、40%三档超额累进税率。新个税法中被调整为和工资、薪金所得相同的7档累进税率,从3%到45%。可以直观看出,劳务报酬所得最低税率从20%猛降至3%,最高税率从40%提高到45%,整体上,还是减税负的。

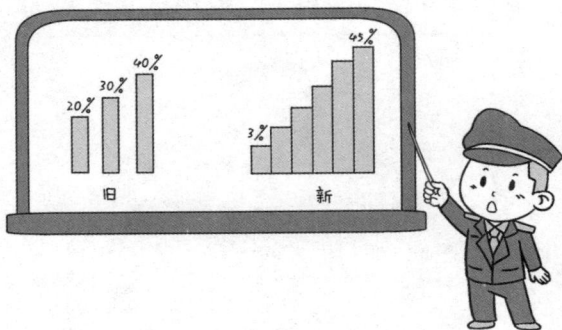

28. 稿酬所得和特许权使用费所得的税率有什么变化？

稿酬所得以及特许权使用费所得的税率，原个税法下是 20%，新个税法中调整为和工资、薪金所得相同的 7 档累进税率，从 3% 到 45%，这个影响很大。对于那些单纯以稿费为收入来源的人，影响比较大；对于那些又有稿费又有工资收入的人，因为两种收入累加后计算交税，影响更大；对于部分高收入的人群，可能会增加税款。

稿费收入全国第一的畅销书作家

扫码后输入问题编号，可听本书作者亲口讲解短音频。

29. 哪些所得项目税率不变？

税负范围32%~40%

老板

税负可能＜30%

员工

　　这次新个税法对于利息、股息、红利所得，财产租赁所得，财产转让所得，偶然所得，这四种收入适用的税率没有做改变，仍然是 20%。值得一提的是，很多人认为老板从公司取得分红只交 20%，而员工工资却最高要交45%，这样很不公平。实际上这是个误解。老板的分红是税后收入，不谈企业经营中的各种税费，只谈净利润，也要交 25% 的企业所得税（高新技术企业是 15%），交完企业所得税后的收入才是净利润分红，再交 20% 的个税，这样整体的所得税税负是 40%（高新技术企业是32%）。前面说过，工薪阶层适用的超额累进税率，45%最高税率下的实际税负也可能不到 30%，所以很不公平的结论不一定准确。

四、免税项目

第四条 下列各项个人所得，免征个人所得税：

一、省级人民政府、国务院部委和中国人民解放军军以上单位，以及外国组织、国际组织颁发的科学、教育、技术、文化、卫生、体育、环境保护等方面的奖金；

二、国债和国家发行的金融债券利息；

三、按照国家统一规定发给的补贴、津贴；

四、福利费、抚恤金、救济金；

五、保险赔款；

六、军人的转业费、复员费、退役金；

七、按照国家统一规定发给干部、职工的安家费、退职费、基本养老金或者退休费、离休费、离休生活补助费；

八、依照有关法律规定应予免税的各国驻华使馆、领事馆的外交代表、领事官员和其他人员的所得；

九、中国政府参加的国际公约、签订的协议中规定免税的所得；

十、国务院规定的其他免税所得。

前款第十项免税规定，由国务院报全国人民代表大会常务委员会备案。

（《中华人民共和国个人所得税法》）

30. 减税、免税、不征税是什么意思？

个税法体系中有三个容易混淆的概念：减税、免税、不征税。

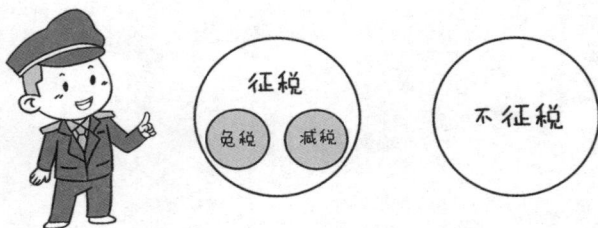

减税，是指按规定减掉一部分应该交的税款。免税，是指按规定应该交的税全部不交了。它俩的主要目的都是对一些特定的人群或者收入项目进行照顾，以便减轻税收负担。

而不征税，则是因为不在税法规定的纳税义务之内而不需要纳税，可能是因为税法还没有规定，也有可能是因为收入还没达到标准。

它们仨的关系是：个人收入分为要征税的和不征税的，要征税的如果涉及到优惠，全部不交就属于免税，部分不交就属于减税。

扫码后输入问题编号，可听本书作者亲口讲解短音频。

31. 哪些奖金可以免税?

省级、部级、军级以上单位和外国组织、国际组织颁发的科学、教育、技术、文化、卫生、体育、环境保护等方面的奖金可以免税。对这部分奖金的免税规定要注意两个核心条件:一是发放奖金的单位级别必须省部军级以上,主要看发文件的单位,实际发钱的单位倒不太重要,因为有的时候会出现一方发文件另外一方出钱的情况;二是奖金范围必须是"科学、教育、技术、文化、卫生、体育、环境保护等方面"。由于第二个条件包含的范围比较广,达到第一个级别条件的单位颁发的奖金基本上都不会超出第二个条件的范围,所以级别条件还是最重要的。

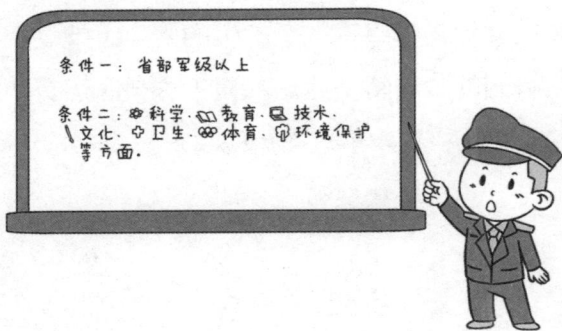

条件一:省部军级以上

条件二:🎓科学·📕教育·💡技术·
📖文化·🏥卫生·⚽体育·🌿环境保护·
等方面.

32. 哪些补贴、津贴可以免税？

　　必须是国家统一规定的补贴、津贴才可以免税，这种免税补贴、津贴最大的特点就是每一个补贴、津贴都有对应的国家文件，起码是一个部级的文件（就是规章），比如经常听到的政府特殊津贴就属于这类。还有两院院士都会有院士津贴，也属于这类免税收入。

扫码后输入问题编号，可听本书作者亲口讲解短音频。

33. 哪些福利费、救济金可以免税?

这个免税的福利费和平常所说的公司发给员工的"福利"不是一个概念,可以免税的福利费一般是指根据国家规定的(是不是很眼熟?)从福利费或工会经费里付给员工的生活补助费;救济金只有各级政府给的困难补助费才可以免税,比如平常所说的贫困补助金。过年过节,公司发的1万元福利,可不能算在这两项里面。

34. 保险赔款都能免税吗？

保险赔款，严格说来，不应该是"收入"的范畴，应该被看做是受到损害后拿到的补偿，是之前说过的"不征税"的范畴，只是税法里把它作为免税所得。注意，保险赔款要是真正的赔款，必须要符合保险业的法律法规规定，那些打着赔款幌子发放收入的其实是在逃税。有些保险公司以这个名义做所谓的"税收筹划"，其实就是在逃税。

扫码后输入问题编号，可听本书作者亲口讲解短音频。

35. 为什么要规定军人退役金免税？

军人退伍拿到的退役金，到底应不应该交税？原个税法里并没有规定。从道理上讲，军人为国奉献，退役时拿到的退役金也属于补偿性质，还真不能算作收入。从实务上讲，退役金算作哪个征税项目呢？工资？还是劳务报酬？还是偶然所得？好像都不太合适。实际上也很少有税务局去征退役金的个税。所以，这次就是在税法里进行了明确，对实务影响不大。

36. 哪些安家费可以免税？

有很多人看到免税的"安家费"就认为公司引入一个老外给的"安家费"也能免税，或者是把一个高管从上海调到北京支付的一大笔"安家费"也能免税。实际上，这个安家费也是需要有"国家规定"的。安家费也是旧体制下存在的一种补贴收入，现在适用的范围很少，实务中很少出现。还是之前说的原则，这种补贴，如果没有找到对应的权威规定，不管给多少、给了谁，都是不能免税的。

扫码后输入问题编号，可听本书作者亲口讲解短音频。

37. 为什么要修改养老退休金的免税规定？

原个税法里规定"退休工资、离休工资"可以免税，但事实上，退休、离休后的"老干部"们，

退休工资 7000元
返聘工资 10000元 税

不一定都在家里养老领工资，有可能还要继续发光发热，还要把后辈"扶上马、送一程"，有可能除了本来的退休、离休金，还拿额外的工资，这部分额外的工资如果再免税就不合理了。所以新个税法把规定作了稍微的调整，改为"基本养老金或者退休费、离休费"，它的核心意思是：并不是退休、离休后拿到的工资全部免税，而是有规范标准的、有文件支持的项目才免税，包括根据养老制度能够拿到的基本养老金，也包括有国家标准的退休费、离休费。比如一个专家，几十年研究曹操和张飞的亲戚关系，到退休了还没研究出来，单位为了支持他研究，继续返聘回来，正常退休工资是 7000 元，返聘工资是 10000 元，7000 元是免税的，10000 元要交税。

38. 国际协议里的免税规定有哪些?

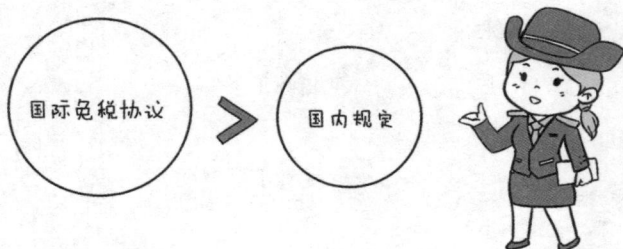

　　国际协议里的免税规定主要是我们国家和其他国家（地区）签订协议时做出的免税承诺，主要包括两个部分：一是对外签的税收协定，二是其他协议、公约里约定好的免税内容。国际协议和我们国内规定的关系是这样的：一笔收入，先看国内要不要交税，如果国内法就规定不交或者免税，就直接免掉了；如果国内交税，而我国签的国际协议中又说可以不交，那么就按照协议的规定免税。国际协议相当于一个特别规定，效力比国内规定大一点。

扫码后输入问题编号，可听本书作者亲口讲解短音频。

39. 国务院规定的免税所得有哪些？

税法明确了国务院可以规定免税。在所有的减免税政策中，财税部门批准的减免税项目占了大部分，这些减免税项目分散在各个财税文件中。新个税法出台后，可能影响很多项目，而且新法规定这些免税项目需要向人大常委会备案，所以原优惠极可能要做调整，需要及时留意。需要提醒的是：个税的减免税文件比较分散，要想了解可以享受哪些优惠，还是找专业人员咨询比较靠谱，全靠自学，代价很高。

五、减征项目

第五条 有下列情形之一的，可以减征个人所得税，具体幅度和期限，由省、自治区、直辖市人民政府规定，并报同级人民代表大会常务委员会备案：

（一）残疾、孤老人员和烈属的所得；

（二）因自然灾害遭受重大损失的。

国务院可以规定其他减税情形，报全国人民代表大会常务委员会备案。

（《中华人民共和国个人所得税法》）

40. 残疾人、孤老人员、烈属怎么享受减税政策？

残疾、孤老人员和烈属可以享受减税政策，但都需要对应的身份证明。所有的优惠政策都是这样，都是有范围的，说了老大爷能享受，小伙子就不行。实务中，残疾人一般要拿残疾证，因为不同的残疾等级享受的优惠可能会不一样；烈属要有烈属证明；孤老人员也需要当地民政部门做一下证明。

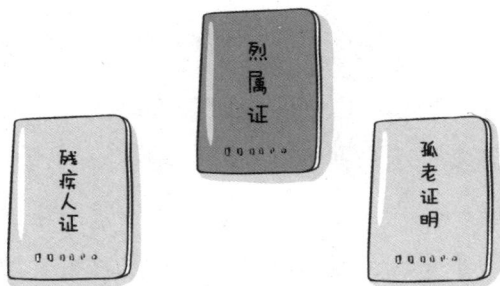

41. 不同省域残疾人、孤老人员、烈属的减税幅度一样吗?

对于残疾人、孤老人员、烈属的减税，新个税法和原个税法都规定各省可以自己规定怎么减税。不同的省，规定的减税幅度是不一样的。有的省对不同的残疾等级给的优惠不一样，有的省统一优惠；有的省优惠幅度大一些，有的省幅度小些。需要留意各省自己的减税规定。要注意的是，现在对于这部分减税只限于综合所得和经营所得，比如，残疾人员柯镇恶，工资可以减税，开个小饭店可以减税，但是买彩票中了奖就不能减税。

六、应纳税所得额

第六条 应纳税所得额的计算：

（一）居民个人的综合所得，以每一纳税年度的收入额减除费用六万元以及专项扣除、专项附加扣除和依法确定的其他扣除后的余额，为应纳税所得额。

（二）非居民个人的工资、薪金所得，以每月收入额减除费用五千元后的余额为应纳税所得额；劳务报酬所得、稿酬所得、特许权使用费所得，以每次收入额为应纳税所得额。

（三）经营所得，以每一纳税年度的收入总额减除成本、费用以及损失后的余额，为应纳税所得额。

（四）财产租赁所得，每次收入不超过四千元的，减除费用八百元；四千元以上的，减除百分之二十的费用，其余额为应纳税所得额。

（五）财产转让所得，以转让财产的收入额减除财产原值和合理费用后的余额，为应纳税所得额。

（六）利息、股息、红利所得和偶然所得，以每次收入额为应纳税所得额。

劳务报酬所得、稿酬所得、特许权使用费所得以收入减除百分之二十的费用后的余额为收入额。稿酬所得的收入额减按百分之七十计算。

个人将其所得对教育、扶贫、济困等公益慈善事业进行捐赠，捐赠额未超过纳税人申报的应纳税所得额百分之三十的部分，可以从其应纳税所得额中扣除；国务院规定对公益慈善事业捐赠实行全额税前扣除的，从其规定。

本条第一款第一项规定的专项扣除，包括居民个人按照国家规定的范围和标准缴纳的基本养老保险、基本医疗保险、失业保险等社会保险费和住房公积金等；专项附加扣除，包括子女教育、继续教育、大病医疗、住房贷款利息或者住房租金、赡养老人等支出，具体范围、标准和实施步骤由国务院确定，并报全国人民代表大会常务委员会备案。

（《中华人民共和国个人所得税法》）

42. 应纳税所得额是什么意思？

应纳税所得额是税法里的专业概念，可以理解为收入减去所有可以扣除的项目之后剩下来的金额，也可以理解为在计算个税时乘以税率的那个数字。用工资来举例，10000 元的月工资，扣了 5000 元的基本减除费用（就是"起征点"），扣了 2000 元的"三险一金"，假设再扣 800 元的子女教育费，剩下的 2200 元就可以直接乘以税率计算税款了。这个 2200 元就叫"应纳税所得额"。它是计算应该交多少税的核心数字。

43. 综合所得可以扣除哪些项目？

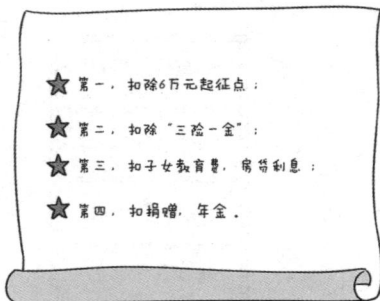

☆ 第一，扣除6万元起征点；

☆ 第二，扣除"三险一金"；

☆ 第三，扣子女教育费，房贷利息；

☆ 第四，扣捐赠，年金。

税率表

　　计算综合所得时，要先把一年中所有综合所得的项目汇总起来，包括工资、8折的劳务报酬、5.6折的稿酬，和8折的特许权使用费。然后，可以扣除四部分内容：第一，扣除6万元，这个叫基本减除费用，又叫"起征点"；第二，扣除"三险一金"；第三，扣除子女教育费、房贷利息等几个专项附加费用。第四，看看有没有捐赠、年金等项目可以抵扣。最后，查税率表算税。

44. 专项附加扣除费用有哪些？

专项附加扣除费用项目有五项，包括子女教育、继续教育、大病医疗、住房贷款利息或住房租金、赡养老人支出。其中，继续教育、大病医疗是与个人有关的扣除项目，可以视为个人费用；子女教育、赡养老人支出、住房贷款利息和住房租金，则是有家庭因素的扣除项目，这是这次税法改革被认为是向家庭课税制迈出一大步的原因。对这几个项目，新个税法里只是规定了名称，但财政部在解答记者提问的时候说会按"一定限额或定额标准"设置，具体的标准和范围还需要实施条例和后续管理办法进行明确。

子女教育　　继续教育　　大病医疗

赡养老人　　住房贷款利息　　住房租金

45. "起征点"的含义是什么？

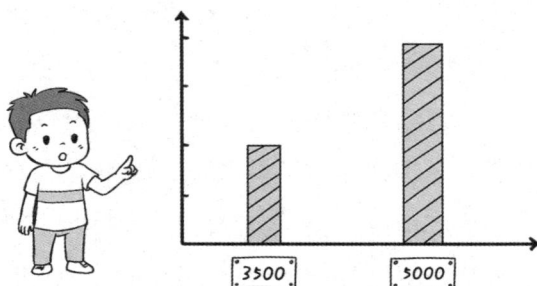

起征点变化

新个税法将基本减除费用标准从 3500 元 / 月提高到 5000 元 / 月（6 万元 / 年），这个所谓的基本减除费用标准，就是俗称的"个税起征点"。从专业的角度，即使是简称也不会提"起征点"这个词，因为在税法里，"起征点"的意思是开始交税的收入起点，比如 10000 元的起征点，就意味着收入 10000 元以下是不征税的，但收入达到 10001 元就要全额征收税款。注意：不是只就高出的 1 元征税，而是对 10001 元全额征税。彩票中奖就是这么交税的。只是"起征点"讲起来确实顺口，大家都用它，所以就成习惯了。

46. "起征点"调成了 5000 元 / 月吗?

为了比较方便,新个税法中"年收入扣除 6 万 / 年"被解读成 5000 元 / 月,实际上,一年 6 万元和每月 5000 元还是有区别的。如果一年全部 12 个月都有收入,它俩自然没区别;但如果只在其中几个月有收入,二者区别就很明显了。单从目前法条的表述来看,无论几个月有收入,年收入减除的费用都应该是 6 万元,而不是有几个月算几个 5000 元。

47. 全国各地为什么要实行同一个"起征点"？

很多人都不明白为什么全国各地要实行同一个"起征点"。既然我国的地区收入水平差别那么大，生活在不同城市的开支水平差别有那么大，为什么不能让北上广这种城市的纳税人享受更高的"起征点"呢？主要原因有两个：一是公平；二是没法操作。在我国人口流动是很厉害的，支付地点也非常灵活，假设上海起征点是 10000 元，甘肃是 3000 元，可能甘肃所有的公司都跑到上海来开一个分公司，让员工都享受 10000 元的起征点，这样和全国统一标准又没什么区别了。

甘肃   上海

48. 为什么要取消 1300 元的附加扣除费用？

原个税法里，一般的中国员工，起征点是 3500 元，但对涉外人士，有个附加扣除费用 1300 元，所以涉外人士总的扣除费用是 4800 元。这些涉外人士包括外国人、港澳台同胞、华侨，还有我国外派到国外的人员。之前有人批评说这是对外国人的"超国民待遇"，这次新个税法把附加扣除费用 1300 元取消了，中方人员和涉外人士都回到同一扣除标准线上，是一大进步。

49. 非居民个人的综合所得怎么算税？

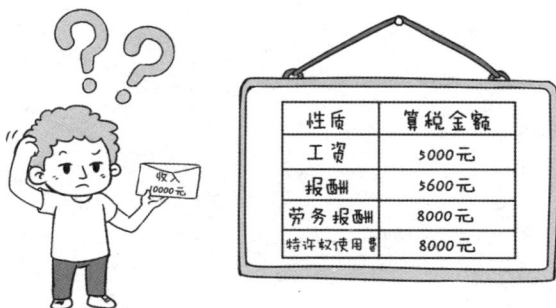

性质	算税金额
工资	5000元
报酬	5600元
劳务报酬	8000元
特许权使用费	8000元

　　非居民个人的综合所得，算税方法和居民的完全不一样。还是延续原个税法下的算税方式，工资收入减去5000元/月（没有社保以及子女教育费等扣除项目）计算交税。稿酬所得打5.6折，劳务报酬打8折，特许权使用费所得打8折，找税率算税。比如同样的10000元收入，如果是工资就按5000元算税；如果是稿酬就按5600元算税，如果是劳务报酬和特许权使用费就按8000元算税。

扫码后输入问题编号，可听本书作者亲口讲解短音频。

50. 为何非居民个人综合所得算法不一样？

新个税法下，居民个人的综合所得要按年汇总算税，这就意味着平时只能算预先扣缴。非居民个人则不同，这些临时到中国来的外国人，很可能拿到一两个月的收入就回国了，年底再让他们汇总算税不大现实，所以他们还是得按月或者按次交税。比如 C 罗，在夏天到中国拍个广告就走了，可能只待了几天，自然是把广告费收入交税就行了，不需要再考虑按年汇总的算法。这也是国际通行的做法。

51. 稿酬所得为什么要打七折？

　　为了鼓励文化创作，原个税法规定稿酬所得扣除费用后的税款计算出来后再打 7 折。新个税法保留了 7 折的规定，算上费用的 8 折，实际上是收入的 5.6 折，但是因为新个税法下稿酬所得只是综合所得的一部分，没法单独对它对应的税款打折，所以规定按照收入打折。比如唐伯虎画了一幅小鸡啄米图，发表在《四大才子报》上，稿酬 1000 元，在算税时就当作他的实际收入是 560 元汇总计算。注意，以前是收入打 8 折、税款打 7 折，现在是收入打 5.6 折，计算结果可能会不一样。

扫码后输入问题编号，可听本书作者亲口讲解短音频。

52. 经营所得怎么算税？

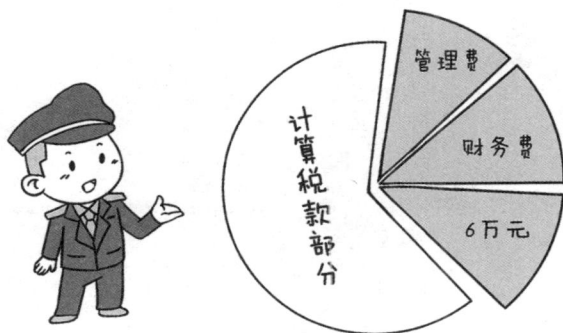

　　经营所得算税的方法和企业所得税的算法很像，就是把一年的总收入减去所有可以扣除的费用、成本还有损失之后，计算税款。注意两点：一是这里说的费用，除了经营过程中发生的费用，比如管理费、财务费等之外，还可以扣除6万元一年的基本费用；二是如果不是个体工商户，而是办了个独资企业，或者是一个合伙企业的合伙人，也是按这个项目算税的。

53. 租金所得怎么算税？

　　对租金收入，规定了固定的扣除费用，方法稍微复杂点。租金不超过 4000 元的，可以扣 800 元，超过 4000 元的，可以扣 20%。比如黄蓉把桃花岛上周伯通待过的山洞租给游客，租金 3000 元，就按 2200 元算税；把黄药师住过的别墅租给游客，租金 10000 元，就按 8000 元算税。当然，房屋的修缮费用也是可以扣除的，各地还有可能为了方便纳税人，要求房租按核定比例交税，这样一来，计算方法就又会有调整，不能完全依葫芦画瓢。

扫码后输入问题编号，可听本书作者亲口讲解短音频。

54. 卖掉财产怎么算税？

用卖掉财产的收入额减去财产的原值和发生的合理费用后计算税款。其中对"合理费用"的认定，在不同的财产形式中有所不同，比如拍卖物、限售股、股权等，费用各自不同，需要特别留意。比如郭靖花了 10 万元买来屠龙刀，转手以 30 万元卖给杨过，中间办理过户手续花了 1 万元，就应该按 19 万元算税。

但如果是拍卖财产，如果不知道成本是多少，现行规章规定可以按照拍卖款的 3% 进行核定征税。

55. 利息、股息、红利、偶然所得怎么算税？

利息、股息、红利、偶然所得，不扣任何费用，直接按照全款交税。

有人没事会 YY：如果我中了 500 万元，就分给爸爸妈妈老婆儿子每人 100 万，自己再留 100 万。这样是有问题的！因为他自己一分钱都没剩下。因为去领奖金时，需要先交税 100 万。

扫码后输入问题编号，可听本书作者亲口讲解短音频。

56. 做慈善捐赠的支出怎么扣除？

做慈善捐赠，捐赠出去的钱可以在算税的时候进行扣除。这一点有些做公益的人可能忽略了。捐赠扣除规定了两种扣除限额：一是应纳税所得额的 30%，二是应纳税所得额的 100%。比如上个例子里中奖的 500 万元，实际捐了 300 万元，如果是通过一般的慈善基金捐掉的，可以扣除 30%，就是 500 万元 ×30%=150 万元，只需要就350 万元（500 万 -150 万）交税，如果是通过红十字会捐的，可以扣除 100%，也就是 500 万元，因为实际只捐了 300 万元，所以只需就 200 万元（500 万 -300 万）交税。

57. 通过哪里捐赠可以全部在税前扣除？

公益性青少年活动场所　　教育事业　　福利性非营利性的老年服务机构

红十字事业　　通过中华慈善总会等基金会的捐赠

　　目前对四个领域的捐赠是可以全部扣除的：公益性青少年活动场所、教育事业、福利性非营利性的老年服务机构、红十字事业。此外，通过中华慈善总会、中华见义勇为基金会、中国老龄事业发展基金会等部分基金会的捐赠也可以全部扣除。在捐赠的时候可留意这些对象。

七、境外收入的税款抵免

第七条　居民个人从中国境外取得的所得，可以从其应纳税额中抵免已在境外缴纳的个人所得税税额，但抵免额不得超过该纳税人境外所得依照本法规定计算的应纳税额。

（《中华人民共和国个人所得税法》）

58. 在国外交的税款为什么可以抵扣？

如果是居民个人，理论上全球所得都要在中国交税；但是在国外取得的收入，当地税务局肯定也要征税，这时候就可能出现重复征税的情况。为了避免这种情况的发生，我国的税法制定了抵扣原则，允许在境外交的税款可以在中国抵扣。比如在美国有套房子卖掉了，赚了 30 万元，理论上要在中国交 6 万元的税，但您在美国已经交了 4 万元，在中国就可以只交 2 万元。这就是税法规定的"避免双重征税"的原则。

美国

扫码后输入问题编号，可听本书作者亲口讲解短音频。

59. 在国外交的税款怎么办理抵扣？

在国外交的税款，如果想抵扣，分为两步：一、按照新个税法计算出境外所得应该缴纳的税款；二、与在境外交的税款进行比较，如果境外交的少，就可以全额抵扣，如果境外交的多，就不用交税了。

比如：杨过在俄罗斯卖了一头大雕，赚了 10000 元，交了 1500 元的税，在日本中了 5000 元的奖，交了 3000 元的税。卖雕在中国应该交 2000 元的税，所以他可以扣除已经在俄罗斯交的 1500 元税，补交 500 元。中奖在中国应该交 1000 元的税，他在日本交的税已经超过 1000 元了，就不用再补交。——注意，在中国是不可能退 2000 元的，毕竟，这不是中国的税款。

八、反避税

第八条 有下列情形之一的，税务机关有权按照合理方法进行纳税调整：

（一）个人与其关联方之间的业务往来不符合独立交易原则而减少本人或者其关联方应纳税额，且无正当理由；

（二）居民个人控制的，或者居民个人和居民企业共同控制的设立在实际税负明显偏低的国家（地区）的企业，无合理经营需要，对应当归属于居民个人的利润不作分配或者减少分配；

（三）个人实施其他不具有合理商业目的的安排而获取不当税收利益。

税务机关依照前款规定作出纳税调整，需要补征税款的，应当补征税款，并依法加收利息。

（《中华人民共和国个人所得税法》）

60. 什么是反避税？

　　既然有交税的规定，自然有人想少交税，少交税的途径分为违法和合法。违法的，一般被称作逃税或偷税；合法的，比较合理的一般被称为"税收筹划"，不合理的，被称为"避税"。比如，韦小宝拿了一笔年终奖，不交税，就叫"偷逃税"，为了少交点税，把一部分年终奖放在当月工资里一起发，就是"筹划"，以自己7个老婆的名义把自己一个人的年终奖拆分成7份，就是"避税"。所谓"反避税"，就是税务局把这些钻了法律空子又不合理的少交税行为进行还原征税的行为。

61. 哪些情况税务局会认为是避税？

拿去治伤！

段誉　　　　　　段正淳

　　按照新法的规定，发生了三种情况，税务局会认为是避税：一是和关联方之间的业务往来导致少交税，不符合独立交易原则，也没有正当理由。比如，段正淳把段誉手上的一块皮擦破了，自己开的公司赔了段誉 100 万元。二是控制了在避税地的一家企业，不分红也没有合理理由。比如，陈家洛在开曼设了家投资公司，赚了 10 个亿，一分钱不分。三是税务局发现的其他没有合理商业目的而导致少交税的行为。

62. 什么叫关联方？

新个税法还没有对"关联方"做出解释，但是企业所得税法中有定义，概念基本差不多，就是有关联关系的公司或者人。关联关系有几种情况：一是在资金、经营或者购销等方面有控制关系，比如，欧阳锋开了一家公司专门给丐帮供应统一制服，那么他这家公司相当于被洪七公控制了，他们俩就有关联关系。二是直接或间接的为第三者控制，比如，张无忌的个体户和宋青书的个体户，都被张三丰控制；三是利益上有其他关联关系，比如，黄蓉开了家公司，和郭靖之间就是关联关系。

63. 什么是独立交易原则？

最简单的理解，就是两个交易的人完全陌生，没有任何利益联系，这时候遵循的就是独立交易原则，包括公平成交价格和营业常规。比如，周伯通和段皇爷第一次见面时，用左右互搏换一阳指，那基本上就是独立交易原则，但是周伯通和王重阳之间做个交换，用左右互搏换师兄一年不打他，很可能就不独立，要参照和段皇爷之间交易的原则才行。

扫码后输入问题编号，可听本书作者亲口讲解短音频。

64. 什么是受控外国企业？

指个人把自己控制的公司设立在低税率的地方，产生了利润，但是公司不给股东分配，也说不出合理原因。比如，袁紫衣到英属维尔京群岛设立了一个咨询公司，短短几年账上积累了 3000 万的利润。袁紫衣一直不分配，作为咨询公司，也不需要账上留存太多利润，所以是不合理的。在这种情况下，税务局认为袁紫衣公司的 3000 万利润属于应该分红而没有分，就视为已经分红，征收 600 万的税。

英属维京群岛

65. 遇到避税情况，税务局会怎么调整？

遇到避税情况，税务局调整原则的核心就是两个字：还原。因为避税是属于不合理的少交税行为，税务局就会根据多种手段调整成合理状态，然后根据合理状态下的收入计算交税。具体说来，需要进行价格比较、市场评估、收入判定等流程。

扫码后输入问题编号，可听本书作者亲口讲解短音频。

66. 为什么反避税要收利息？

"反避税"中加收的利息，既不是滞纳金，也不是罚款，可以理解为不合理的商业安排导致国家晚收税款而带来的资金的时间成本。个人所得税法中的利息水平还没有公布，但企业所得税法规定的利息水平是中国人民银行公布的、与补税期间同期的人民币贷款基准利率加5个百分点计算。比如，2019年贷款基准利率是3%，2020年的是3.5%，现在李莫愁因为2019年和2020年的收入避税被税务局要求调整税款，应该加收的利息水平就是：2019年为8%，2020年为8.5%。

九、扣缴义务人

第九条 个人所得税以所得人为纳税人，以支付所得的单位或者个人为扣缴义务人。

纳税人有中国公民身份号码的，以中国公民身份号码为纳税人识别号；纳税人没有中国公民身份号码的，由税务机关赋予其纳税人识别号。扣缴义务人扣缴税款时，纳税人应当向扣缴义务人提供纳税人识别号。

（《中华人民共和国个人所得税法》）

67. 什么是扣缴义务人？

向个人支付收入的人是扣缴义务人。因为需要帮个人代扣代缴税款，而且这是税法规定的责任和义务，是不能选择的，所以称之为扣缴"义务"。我国个税法规定的纳税体系以扣缴为主、申报为辅，即使新个税法里规定了很多自行申报的情形，扣缴申报仍然是主要的收税手段。比如，阿朱请虚竹念了半天经，给了他一笔报酬，阿朱就是扣缴义务人，应该扣完税后再把剩余的钱付给虚竹，然后将税交给税务局。如果阿朱没扣、虚竹也没补申报，税务局就会因为阿朱没有履行扣缴义务而处罚她，然后再向虚竹追讨税款。

68. 纳税人识别码怎么生成？

　　纳税人识别码是纳税人在税务局系统里的代码，可以理解为公司里的工号。新个税法规定的识别码生成规则是：有身份证号码的，按照身份证号码；没身份证号码的，税务局帮助生成一个号码。这样一来，做到人人有码，收入和其他与个税有关的信息就很容易进行集成统一。

扫码后输入问题编号，可听本书作者亲口讲解短音频。

十、自行纳税申报

第十条 有下列情形之一的，纳税人应当依法办理纳税申报：

（一）取得综合所得需要办理汇算清缴；

（二）取得应税所得没有扣缴义务人；

（三）取得应税所得，扣缴义务人未扣缴税款；

（四）取得境外所得；

（五）因移居境外注销中国户籍；

（六）非居民个人在中国境内从两处以上取得工资、薪金所得；

（七）国务院规定的其他情形。

扣缴义务人应当按照国家规定办理全员全额扣缴申报，并向纳税人提供其个人所得和已扣缴税款等信息。

（《中华人民共和国个人所得税法》）

69. 什么是自行纳税申报？

扣缴申报
工资薪金···
······

自行申报
项目1：×××
项目2：×××
······

　　自行纳税申报的意思就是纳税人自己去税务局进行纳税申报，或者以自己的名义进行纳税申报（比如找个代理）。支付收入的单位或者个人进行扣缴申报只能涵盖大部分情况，还有很多情况，扣缴环节没有办法交足或者交准税款，所以需要自行申报。原个税法下的 12 万元申报就是一种自行纳税申报的情形。

70. 取得综合所得需要汇算清缴的是哪些人？

新个税法下，综合所得的交税采用平时预扣预缴、第二年初汇算清缴的方式，因为平时预扣的算法和年底汇算的算法很可能有差异，会造成平时交的税和年底汇总应该交的税产生差异，可能多也可能少。比如鲁有脚，平常每个月1万元，预扣税款1000元，全年预扣了12000元，年底汇总计算发现应该交税13000，他就有义务去税务局补交1000元的税款；相反，如果年底汇总发现应该交税10000元，他就有权利去税务局申请退税2000元。不管是哪种情形，他都需要以自己的名义去税务局汇算清缴申报。如果刚好就是12000元，就不需要再去申报。

今年刚好12000 不需要清缴申报啦！

税务局

71. 没有扣缴义务人的情况有哪些？

理论上讲，所有的收入都有支付方，既然有支付方，支付方就会依法成为扣缴义务人。但实务中确实存在没有扣缴义务人的场景，至少包括以下两种：

（1）经营所得：经营所得的计算方式不一样，扣缴义务人也没法扣缴，税法也规定了单独的申报义务，逻辑上它是被视为没有扣缴义务人的，当然税法对它的申报方式和时间单独列明。

（2）企业在开办期（筹办期）：这时企业还没有进行工商登记，严格来说根本就没有法律地位，自然也无法成为扣缴义务人。

扫码后输入问题编号，可听本书作者亲口讲解短音频。

72. 扣缴义务人没扣缴税款的情况有哪些？

扣缴义务人没扣缴税款的情况分为两种：一是支付收入时应该扣而没有扣，这个很好理解；二是虽然支付方有扣缴义务，但是因为种种原因却导致没法扣缴。比如，衡山股份有限公司分红时，不分现金，而是分配红股，由于没有现金，衡山公司没有办法替股东扣缴个税。

衡山股份公司分红大会

红股   红股   红股

不是现金是红股，这个怎么纳税？

比较特别的是，原个税法中没有这个规定，这是新个税法增加的申报义务。

73. 为什么取得境外所得要自行申报？

取得境外所得需要自行申报的根本原因就是没人会来扣缴。比如，金轮法王在美国有套别墅叫金轮山庄，他把山庄卖给了美国人山姆，取得收入 100 万元，根据中国的税法，山姆是扣缴义务人，应该办理扣缴申报，但问题是，山姆会来中国扣缴税款吗？这是不现实的。因此税法规定取得境外所得的必须要自行申报。这也是全世界的通行做法。

扫码后输入问题编号，可听本书作者亲口讲解短音频。

74. 移居境外注销户籍的有哪些情形？

新个税法规定移居境外注销户籍之前需要自行申报税款，具体申报哪些收入还有待确定，主要目的是让移居境外的人在境内的收入及时交税，维护我国的税收管辖权。目前移居境外注销户籍分为三种情况：一种是到香港澳门定居，二是出国定居，三是加入外国国籍。

75. 国务院规定了哪些其他自行申报的情况？

现行的规章中，由国务院单独规定需要自行申报的情形主要有两个：一个是非货币性资产投资的个税，比如，独孤求败花了 30 年研究出一种治疗抑郁症的新药"独孤散"，他用这个专利作价 1 个亿投资独孤有限公司，产生的税款就需要他本人自行申报；二是股权转让所得的个税可以在自行纳税申报和扣缴申报之间自由选择，比如，独孤求败再把独孤有限公司的股权卖给唐门公司，产生的税款可以由独孤求败自行申报，也可以由唐门公司代扣代缴。

公司

独孤散

卖掉

扫码后输入问题编号，可听本书作者亲口讲解短音频。

76. 什么叫全员全额扣缴申报?

全员全额扣缴申报的意思是,扣缴申报的时候必须包含所有人、包含所有金额。比如,华山有限公司给员工发工资,需要把员工的个人信息以及收入、税款等信息都报送给税务局,令狐冲、任盈盈这些高管肯定是要交税的,报送信息很好理解,但像华山派看门大爷这种收入很低、没有达到"起征点"的,也需要把所有信息都报送给税务局,并不会因为税款为0而不用报送,这就是所谓的"全员"又"全额"。

十一、扣缴

第十一条 居民个人取得综合所得，按年计算个人所得税；有扣缴义务人的，由扣缴义务人按月或者按次预扣预缴税款；需要办理汇算清缴的，应当在取得所得的次年三月一日至六月三十日内办理汇算清缴。预扣预缴办法由国务院税务主管部门制定。

居民个人向扣缴义务人提供专项附加扣除信息的，扣缴义务人按月预扣预缴税款时应当按照规定予以扣除，不得拒绝。

非居民个人取得工资、薪金所得，劳务报酬所得，稿酬所得和特许权使用费所得，有扣缴义务人的，由扣缴义务人按月或者按次代扣代缴税款，不办理汇算清缴。

（《中华人民共和国个人所得税法》）

77. 怎么进行预扣预缴？

等规章出台后才知道

怎么预扣预缴？

预扣预缴是针对综合所得的，因为综合所得需要全年汇总算税，所以在平时按月或者按次拿到收入的时候，支付方没法算出准确的税款，扣缴的税款只能算"预先"扣缴的。具体怎么预扣预缴，新个税法里没说，还需要后续的法规进一步明确。

78. 有综合所得，什么时候办理汇算清缴？

次年的3月1日—6月30日。

综合所得的汇算清缴期间有两个特点：一是跨度比较长，达4个月之久，这是为了让纳税人和扣缴义务人有充足的时间进行信息确认和申报；二是不从年初开始，这是因为年初有年度总结、年初计划、春节、企业所得税汇算清缴等多重因素导致扣缴义务人和税务机关的工作强度都比较大，避开年初这两个月也有利于错开高峰。

扫码后输入问题编号，可听本书作者亲口讲解短音频。

79. 纳税人提供专项扣除信息，扣缴义务人为什么不能拒绝？

新个税法规定了专项附加扣除费用的扣除申报时间，就是：如果纳税人在扣缴义务人按月预扣预缴时提供了专项附加扣除信息，扣缴义务人必须按月扣除，不能拒绝。比如，武当有限公司发放工资的时候，员工张翠山提供证明说自己有 100 元的子女教育费，还有 200 元的房贷利息，武当公司必须要将这 300 元在计算税款时扣除掉，否则就会让张翠山在年中产生不必要的税款负担，年底可能又会因为这 300 元进行税款调整，平白增加社会成本。

80. 非居民个人为什么没有汇算清缴？

这笔交过了，
这笔还没交
……

税务窗口

　　非居民个人没有汇算清缴的原因和境外所得必须自行
申报的理由差不多。非居民个人大多是临时到中国的，平
时没有预扣预缴年底汇算清缴不现实，而是有一笔收入就
交一笔税。事实上，预扣预缴和汇算清缴就是一个流程的
两个阶段，相互依存，缺一不可。

十二、扣缴及汇缴申报时间

第十二条　纳税人取得经营所得，按年计算个人所得税，由纳税人在月度或者季度终了后十五日内向税务机关报送纳税申报表，并预缴税款；在取得所得的次年三月三十一日前办理汇算清缴。

纳税人取得利息、股息、红利所得，财产租赁所得，财产转让所得和偶然所得，按月或者按次计算个人所得税，有扣缴义务人的，由扣缴义务人按月或者按次代扣代缴税款。

（《中华人民共和国个人所得税法》）

81. 有经营所得，什么时候预缴？什么时候汇缴？

经营所得的预缴分为两种类型，一是按月，二是按季。具体按哪个要看当地税务局的认定，一般按季比较多。如果按月预缴，申报时间就是下月的 15 日内，如果按季预缴，申报时间就是下一季初 15 日内。

经营所得的汇缴时间在次年的 3 月 31 日之前。

十三、其他自行申报时间

第十三条 纳税人取得应税所得没有扣缴义务人的，应当在取得所得的次月十五日内向税务机关报送纳税申报表，并缴纳税款。

纳税人取得应税所得，扣缴义务人未扣缴税款的，纳税人应当在取得所得的次年六月三十日前，缴纳税款；税务机关通知限期缴纳的，纳税人应当按照期限缴纳税款。

居民个人从中国境外取得所得的，应当在取得所得的次年三月一日至六月三十日内申报纳税。

非居民个人在中国境内从两处以上取得工资、薪金所得的，应当在取得所得的次月十五日内申报纳税。

纳税人因移居境外注销中国户籍的，应当在注销中国户籍前办理税款清算。

（《中华人民共和国个人所得税法》）

82. 没有扣缴人的，和非居民个人取得两处以上工资的，什么时候申报？

4月12日

前面就是税局了，
一起去报税吧.

　　没有扣缴义务人和非居民个人取得两处以上工资这两种情况，申报时间都是取得收入的次月 15 日内。比如，阿紫 3 月拿到一笔收入是没有扣缴义务人的，印度人鸠摩智 3 月在中国两家公司都拿到了工资，他俩应该都在 4 月 15 日前向各自税务局办理申报。

83. 扣缴义务人没扣缴的，什么时候申报？

扣缴义务人没有扣缴的，有两个申报时间：一是第二年的 6 月 30 日前，二是税务局通知的缴纳期限。虽然税法没明说，但这两个时间应该是按照孰先原则确定的，就是哪个时间在前就优先按哪个时间申报纳税。比如，张无忌 8 月拿到了一笔收入，扣缴义务人没扣缴，按规定，他应该在明年的 6 月 30 日前自行申报，但现在税务局发现了，要求他在今年 10 月底之前就申报掉，那么这个申报义务就必须在 10 月底之前完成。

84. 有境外收入的，什么时候申报？

有境外收入的，在第二年的 3 月 1 日至 6 月 30 日内申报，这和综合所得汇算清缴的时间一致。

值得注意的是，因为境外各国的纳税时间不一样，可能会出现在境外的纳税时间离 6 月 30 日很近或者超过 6 月 30 日的情况，因为还涉及到境外税款抵扣，原个税法下，允许纳税人经过审批后在境外结清税款的 30 日内在国内申报纳税。比如，金轮法王去年在美国的卖房收入 6 月 30 日才在美国交税，要求他当天回来申报纳税显然不现实，因此允许他在 7 月 30 日前申报。新个税法后续的法规会不会保留或者更改这项规定，暂不可知。

6月30日前要申报境外收入。

扫码后输入问题编号，可听本书作者亲口讲解短音频。

85. 移居境外注销户籍的，什么时候申报？

因为移居境外注销中国户籍的，要在注销户籍前申报。值得注意的是，根据上海的户口管理办法，注销户籍分为主动注销和被动注销两种，主动注销就是移民的人主动去办理注销手续，被动注销就是自己过期还不去办，政府机关强行注销户口。主动注销的申报时间可以确定，但被动注销的申报时间是什么时候还需要进一步明确。

十四、预缴和清缴

第十四条 扣缴义务人每月或者每次预扣、代扣的税款，应当在次月十五日内缴入国库，并向税务机关报送扣缴个人所得税申报表。

纳税人办理汇算清缴退税或者扣缴义务人为纳税人办理汇算清缴退税的，税务机关审核后，按照国库管理的有关规定办理退税。

（《中华人民共和国个人所得税法》）

86. 扣缴义务人什么时候缴纳所扣税款？

扣缴义务人扣下来的税款，应该在第二个月的 15 日内交给税务局。

这里包含了两层意思：

一是支付的当月就要扣下应该交的税款；二是交税时间应该在第二个月的 1 日到 15 日之间，因为税法规定的是"次月 15 日内"，而不是"次月 15 日前"，这就意味着当月扣的税款不能在当月交，必须在次月交。但实际上因为国家利益没有受损，只要交税系统允许，这样做也无可厚非。

87. 汇算清缴怎么办理退税？

汇算清缴退税的流程是：

（1）汇算清缴环节：纳税人申请退税，或者扣缴义务人为纳税人申请退税；

（2）审核环节：由税务机关审核；

（3）退税环节：依照国库管理流程退税。

扫码后输入问题编号，可听本书作者亲口讲解短音频。

十五、社会综合治税

第十五条　公安、人民银行、金融监督管理等相关部门应当协助税务机关确认纳税人的身份、金融账户信息。教育、卫生、医疗保障、民政、人力资源社会保障、住房城乡建设、公安、人民银行、金融监督管理等相关部门应当向税务机关提供纳税人子女教育、继续教育、大病医疗、住房贷款利息、住房租金、赡养老人等专项附加扣除信息。

个人转让不动产的，税务机关应当根据不动产登记等相关信息核验应缴的个人所得税，登记机构办理转移登记时，应当查验与该不动产转让相关的个人所得税的完税凭证。个人转让股权办理变更登记的，市场主体登记机关应当查验与该股权交易相关的个人所得税的完税凭证。

有关部门依法将纳税人、扣缴义务人遵守本法的情况纳入信用信息系统，并实施联合激励或者惩戒。

（《中华人民共和国个人所得税法》）

88. 哪些部门向税务局提供身份和收入信息?

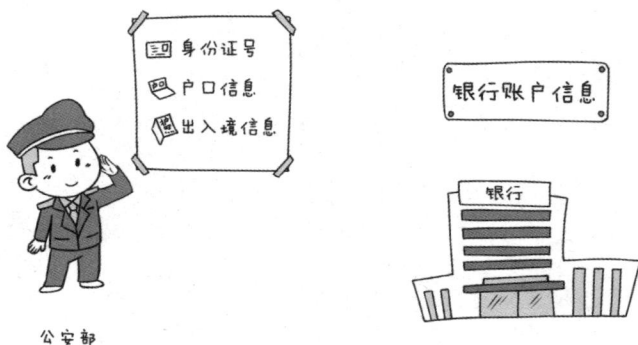

身份证号
户口信息
出入境信息

银行账户信息

银行

公安部

　　新个税法新增了各部门向税务局提供涉税信息的义务。由公安部门提供纳税人的身份信息,包括身份证号、户口信息、出入境信息等;由人民银行以及金融监管机构(比如银保监会)提供银行账户信息。这些都方便税务局判断纳税人的居民身份和收入水平,便于查补税款。

扫码后输入问题编号,可听本书作者亲口讲解短音频。

89. 哪些部门向税务局提供专项附加扣除的信息？

新个税法增加了多种专项附加扣除费用，涉及到子女教育、继续教育、大病医疗、住房贷款利息、住房租金、赡养老人支出等信息，单独依靠税务机关去核实显然是不现实的，因此新个税法明确了教育、卫生、医疗保障、民政、人力资源社会保障、住房城乡建设、公安、人民银行、金融监督管理等相关部门向税务局提供相关信息的义务，实际上就是方便税务局进行信息比对。

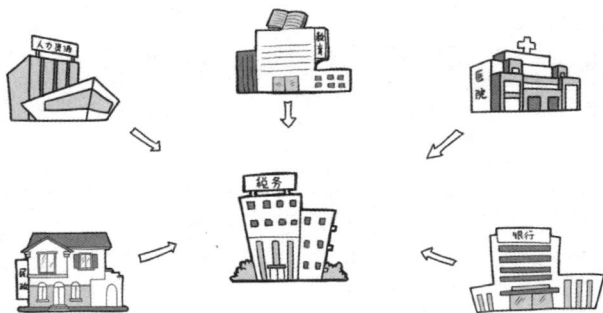

90. 转让房屋土地前查验个人完税证明，有什么影响？

新个税法规定个人转让不动产办理转移登记前必须提供个税完税证明进行查验。比如，丁春秋要卖一套星宿海边的别墅，税务局先要核验他是不是已经依法纳税，在到西北产权交易中心办理过户的时候，交易中心必须查验丁春秋的个税完税凭证。事实上，因为房地产交易市场火爆，全国已经实现了不动产交易领域内"先交税，再过户"，这次只是将它提升到法律的层面。

91. 转让股权之前查验个人完税证明，有什么影响？

我们要办理股权变更登记

请提供个人完税证明

税务局

个人转让股权办理变更登记的，登记机关应当查验与股权交易相关的个税完税凭证。这一条和丁春秋卖房屋的查税流程是一样的。区别在于：新个税法出台前，这一条既不是工商登记部门的义务，也因为种种原因没有办法实现交税前置，这次新个税法进行明确，意味着税务局对股权转让个税监管的力度大幅加强。

92. 新增的纳税信用规定有什么实质影响？

　　纳税信用体系一直是全世界税务管理的重要手段，但我国一直没有实施。可能在平时经常听到哪个"老赖"不能坐高铁、不能坐飞机的报道，这是民事领域的征信系统在发挥威力。新个税法实施后，纳税信用将成为税务机关进行管理的一大利器，未来可能会出现欠税、逃税的个人寸步难行的情况。

扫码后输入问题编号，可听本书作者亲口讲解短音频。

十六、币种

第十六条 各项所得的计算，以人民币为单位。所得为人民币以外的货币的，按照人民币汇率中间价折合成人民币缴纳税款。

（《中华人民共和国个人所得税法》）

93. 外币收入怎么计算税款？

在中国交税，自然按人民币计算。如果收入不是人民币，就按照中国人民银行规定的汇率中间价进行折算。如果没有汇率中间价呢？就找一个中间的币种换算，比如美元。就是外币先折算成美元，美元再折算成人民币。

此外，原个税法的表述是"外国货币"，新个税法改成了"人民币以外的货币"，这种说法更加准确，比如港币，就是人民币以外的货币，却不属于外国货币。

扫码后输入问题编号，可听本书作者亲口讲解短音频。

十七、手续费

第十六条 对扣缴义务人按照所扣缴的税款，付给百分之二的手续费。

（《中华人民共和国个人所得税法》）

94. 手续费怎么算？

手续费是扣缴税款的 2%。比如，嵩山有限公司今年为员工扣缴了 1000 万税款，可以拿到的手续费就是 20 万。需要注意的是：一、嵩山公司作为扣缴义务人拿到的叫手续费，再把这 20 万发给公司的人事专员左冷禅，就变成工资了，这不能算是左冷禅拿的手续费；二、单位和个人都能作为扣缴义务人，都可以拿手续费，比如，左冷禅支付给家里的保姆一笔报酬，他作为扣缴义务人也是可以拿手续费的；三是扣缴义务人如果不按规定进行扣缴，比如，该扣 1000 万元只扣了 800 万元，还能不能拿手续费？如果能拿，按多少拿？税法暂时没说，需要看后续的文件规定。

嵩山有限公司

缴纳税款1000万
手续费1000万×2%=20万

扫码后输入问题编号，可听本书作者亲口讲解短音频。

十八、储蓄存款利息

第十八条 对储蓄存款利息所得开征、减征、停征个人所得税及其具体办法，由国务院规定，并报全国人民代表大会常务委员会备案。

(《中华人民共和国个人所得税法》)

95. 储蓄存款利息要交税吗？

　　关于储蓄存款利息是否交税，新个税法和原个税法都规定由国务院决定，现行文件已经进行了明确，从 2008 年 10 月 9 日起，储蓄存款利息免收个税。

扫码后输入问题编号，可听本书作者亲口讲解短音频。

十九、法律责任

第十九条 纳税人、扣缴义务人和税务机关及其工作人员违反本法规定的，依照《中华人民共和国税收征收管理法》和有关法律法规的规定追究法律责任。

（《中华人民共和国个人所得税法》）

96. 纳税人、扣缴义务人的法律责任有哪些？

纳税人和扣缴义务人的法律责任主要来自于《税收征收管理法》的规定，具体包括：不按规定办理税务登记、管理账簿、报送账号、报送财务制度软件，不按规定纳税申报、报送资料，通过隐瞒、造假进行偷税漏税骗税，暴力抗税……情况严重的，就会构成犯罪，由《刑法》制裁。

扫码后输入问题编号，可听本书作者亲口讲解短音频。

97. 税务机关和税务人员的法律责任有哪些?

税务机关和税务人员的法律责任在《税收征收管理法》和《刑法》中都有明确，主要包括：乱收税款、徇私舞弊、违法查封财产、唆使偷逃税、贪污受贿、刁难纳税人、打击报复、先征缓征、多征少征、没有回避……有犯罪事实的，由《刑法》制裁。

二十、征收管理

第二十条 个人所得税的征收管理，依照本法和《中华人民共和国税收征收管理法》的规定执行。

（《中华人民共和国个人所得税法》）

98. 征收管理的规定有什么改变？

新个税法增加了个人所得税法本身对于征收管理的法律约束。原个税法规定个税的征管依照《税收征收管理法》，但新个税法实际增加了很多征收管理的内容，比如汇算清缴、比如反避税、比如各个部门把信息提供给税务局、比如纳税征信体系……新个税法规定个税的征管既要依照征管法，又要依照个税法，这样一来，新增的征管措施就有法可依。

二十一、实施条例

第二十一条 国务院根据本法制定实施条例。

（《中华人民共和国个人所得税法》）

99. 实施条例是什么？有什么作用？

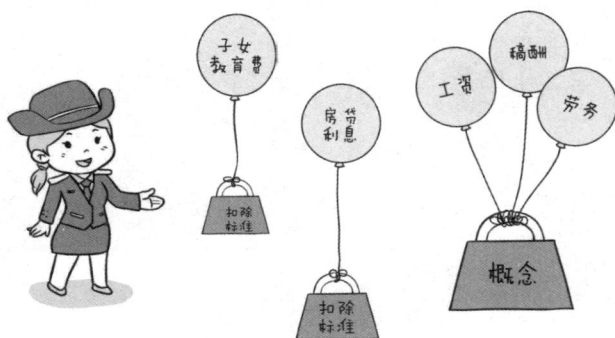

　　个人所得税实施条例是个人所得税法的细化法规。原个税法实施条例有四十八条，对原个税法的绝大部分条款做了更加明确的规定。这次新个税法很多和个人关系密切的规定会在新个税法实施条例里进一步明确，比如子女教育费、房贷利息等专项附加扣除费用的标准，比如什么叫工资，什么叫稿酬，什么叫劳务，什么算境内所得……新个税法真正要想落地实施，还需要实施条例的及时出台。

二十二、新法有效日

第二十二条 本法自公布之日起施行。

（《中华人民共和国个人所得税法》）

100. 新法有效日有什么影响？

全国人大常委会决定，新个税法从 2019 年 1 月 1 日起全面施行，但同时又规定 2018 年 10 月 1 日至 2018 年 12 月 31 日，先把"起征点"调高、税率

适用新的税率表。综合起来看，意思就是 2018 年第 4 季度先实施一部分，派发一个减税红包，2019 年再全面实行新个税法。需要注意的是：这里的时间区间是以个人实际拿到收入为准的，和平常的习惯说法不太一样。比如，钟灵在 2018 年 10 月 2 日拿到了 9 月的工资，虽然工资是 9 月的，但她取得收入是在 10 月 1 日之后，就可以按照新的"起征点"算税，而实际申报的时间是在取得收入的次月的 15 日内，也就是 11 月 1 日到 15 日之间。这几个时间概念一定要留意，否则容易申报错误。